Stine Meyer

Børns livretter

Ifølge Noah & Lara

Foto: Maj-Britt

Stine Meyer

Mor til to børn og ansat som faglærer på EUC Syd i Aabenraa.

Udannet kok og tjener og har en læreruddannelse i biologi, fysik/kemi og matematik.

Forlag: BoD—Books on Demand, København, Danmark
Fremstilling: BoD—Books on Demand Gmbh, Norderstedt, Tyskland

ISBN: 9788771886368

Forord

Findes der noget bedre end at tilbringe tid sammen med sine børn?

Nej! Men tid er der ikke meget af, når skole og arbejde er slut. Hjemme venter lektier, fritidsaktiviteter, madlavning og alt det andet.

Så hvorfor ikke slå to fluer med et smæk?

Opskrifterne her i bogen er vores helt almindelige hverdagsfavoritretter.
De er ikke beregnet til, at børn selv skal i køkkenet. De er skrevet, så barn og voksen i samarbejde kan fremtrylle alle børnenes livretter til aftensmaden. Og mad smager jo bare bedre, når man har lavet det selv – måske glider der endda lidt flere grøntsager ned.

Noah og Lara har været med i køkkenet, siden de var ganske små. De har pisket, rørt, æltet og ikke mindst SMAGT.
Vi har meget fokus på at variere tilberedningsmetoder, mætningsgarniture og grøntsager.

Tommelfingerreglen er, at vi altid har en slags kød, en mætningsgarniture (pasta, ris, kartofler eller brød) og minimum en slags grøntsag eller salat.

På trods af mit daglige arbejde med spændende madlavning lever vi herhjemme meget simpelt; gode, velkendte, hurtige hverdagsretter og uden at overdrive budgettet.

Inden børnene skal med i køkkenet, er der lige et par forholdsregler.

Pas på de skarpe knive. Børnene kan sagtens skære med de store knive – ofte endda bedre – end hvis de skal snitte kål med en urtekniv. Men vis dem, hvordan de skal bruge kniven. Og husk ikke at gå rundt i køkkenet med den.

Husk håndhygiejnen. Væn børnene til at vaske hænder mellem råvareskift og stille de brugte redskaber til vask.

Ellers gælder "mix and match" princippet. Skift råvarer ud, byt rundt på tilbehøret, køb gode tilbud og spis lige brød til.

Velbekomme.

Indholdsfortegnelse

Før du går i gang

Alle opskrifter er beregnet til en gennemsnitsfamilie på to voksne og to børn.

Det er en god idé at danne sig et overblik over, hvor lang tid det tager at lave de forskellige dele af retten. Start med det, der tager længst tid. Og slut med de ting, der skal serveres varme.

Vi plejer at tegne tidsplanen på et stykke papir. Vi tegner en lang linje, skriver spisetidspunkt på, og så regner vi ellers baglæns. Det giver børnene et godt overblik.

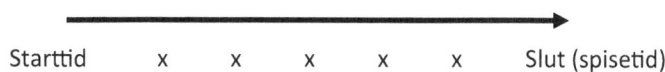

Starttid   x   x   x   x   x   Slut (spisetid)

Alle opskrifter starter med en råvareliste.

Husk, at du sagtens selv kan bytte råvarerne ud efter ønske. Har man ikke lyst til broccoli, kan man evt. servere bønner eller noget andet tilbehør.

Derefter følger en fremgangsmåde. Også her må man gerne være lidt kreativ. Man kan evt. grille bøffen eller tilberede tilbehør i ovn.

Husk altid at læse hele opskriften igennem, før I starter.

Følgende ingredienser bør du altid have ved hånden (de står ikke angivet i opskriftens ingrediensliste):

Salt, peber, olie/smør, tørrede krydderier (paprika, karry, oregano, timian, basilikum), maizena/mel, sødt (sukker, honning eller lignende), surt (citronsaft, eddike, balsamico eller lignende).

Jeg har ikke angivet mængden af krydderier i opskrifterne. For det meste passer det meget godt med en tsk. af krydderierne. Men start med mindre, og smag jer frem. Hold igen med peber, chili, cayenne eller andre stærke/dominerende krydderier.

Bagerst i bogen finder du en ordliste. Ord, der i opskriften står med *kursiv skrift*, står forklaret i denne liste.

Foto: Lars D

Boeuf bearnaise

Med pommes frites og dampede bønner

Ingredienser:

4 skiver oksefilet eller mørbrad a ca. 200 g

800 g kartofler

400 g bønner

250 g smør

½ dl estragoneddike (eller anden eddike)

½ dl hvidvin

½ løg i små tern (ca. 35 g)

1 bundt frisk estragon (eller 2 spsk. tørret)

En lille håndfuld frisk kørvel (kan udelades)

3-4 æggeblommer (ca. 75 g eller ½ dl)

Citron, salt, hvid peber, cayenne m.m.

Foto: Lars W

Fremgangsmåde:

- Skræl kartoflerne og skær dem i stænger. *Blancher* kartoflerne (kog dem kort og køl ned).

- Læg kødet i olie, salt, peber, paprika og lad det trække på køl.

- *Klar* (smelt) smør ved svag varme, så det deler sig. Hæld det flydende over i en skål/kande.

- Forbered essens: Kog eddike, hvidvin, løg, estragonstilke, salt og peber ind, til det kun fylder 1/3. Sigt massen.

- Kog en gryde vand op til at *blanchere* bønner i.

- Varm olie til friture op i en anden gryde. Olien skal være ca. 180 grader.

- Steg bøfferne på en grill, pande eller grillpande i en blanding af smør og olie. Tryk på dem. Lav *tommelfingertesten*.

- Sauce laves over *vandbad*. Pisk æggeblommerne luftige med essens. Tilsæt det *klarede* smør meget lidt ad gangen, mens du pisker. Det må ikke blive for varmt, så skiller saucen. Når den er tyk, tages den af varmen. Lige før servering justeres konsistensen med lidt vand og smages til med citron, salt, peber og evt. cayennepeber. Varm kort op (må ikke koge!) og tilsæt friskhakkede estragonblade og kørvel.

- Bønnerne koges i saltet vand i 2-5 minutter, og kartoflerne friteres i varm olie, til de er gyldne.

- Pomfritter kan evt. skiftes ud med ovnbagte kartofler (se side 11).

Foto: Ken

Mangochutney

Ingredienser:

1 moden mango i små tern
1 hakket chili (eller 1 tsk. stødt)
Saft og skal af 1 økologisk lime
1 lille løg (hakket)
1 fed hvidløg (presset)
1 spsk. æblecidereddike
1 klump frisk, fintrevet ingefær (½ tsk. stødt)
1 spsk. honning
½ l vand

Fremgangsmåde:

- Kom alle ingredienser i en gryde (hold evt. lidt ingefær tilbage) og kog det op. Lad det simre, indtil chutneyen har den ønskede konsistens.

- Smag chutneyen til.
  Tilfør evt:
  Sødme (honning, sukker m.m.)
  Salt
  Syre (citron, eddike m.m.)
  Stærke ingredienser (chili, ingefær m.m.)

Boller i karry
Med broccolisalat og mangochutney

Ingredienser:

500 g hakket svin/kalv

1½ finthakket løg

1 æg

2½ dl sødmælk

6 spsk. blendede havregryn

(Du kan også bruge lidt mel)

1 stort æble med skræl i tern

4 dl ris

1 stk. broccoli (kan evt. *skoldes)*

100 g bacontern (sprødstegt)

½ hakket rødløg

50 g solsikkekerner

50 g rosiner

2 spsk. mayonnaise (se evt. side 16) + 2 spsk. creme fraiche

Balsamico, salt, peber, smør, olie, maizena m.m.

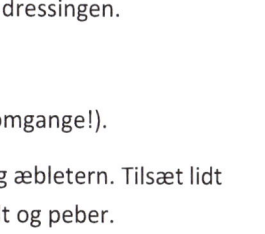
Foto: Stine

Fremgangsmåde:

- Rør farsen sej med 1 spsk. groft salt. Tilsæt løg, lidt peber og æg. Rør ca. ½ dl mælk i lidt ad gangen. Stil farsen på køl.

- Bland en dressing af mayonnaise, creme fraiche, balsamico, salt, peber, citron, rosiner og solsikke-kerner. Skær broccoli i stykker (stilken kan skrælles og bruges) og vend dem i dressingen.

- Skyl ris i koldt vand og kog efter anvisning på pakken.

- Form kødboller af farsen. Kog dem i 7-8 minutter i saltet vand. (Evt. ad flere omgange!).

- Smelt lidt smør i en gryde. *Sauter* resten af løgene heri. Tilsæt 1 spsk. karry og æbletern. Tilsæt lidt siet kogevand fra kødbollerne. Kog op. Smag til med en bouillonterning og salt og peber.

- Lav en meljævning af 2 spsk. *maizena* udrørt i koldt vand. Tilsæt jævningen til den kogende sauce. Lad saucen jævne og tilsæt til sidst mælk og kødboller.

- Serveres med ris, broccolisalat og mangochutney.

Foto: Lars D

Ketchup (ca. 400 g)

Ingredienser:

250 g modne tomater
½ æble
½ løg
1 lille fed hvidløg
1 knsp. stødt kanel
1 knsp. stødt allehånde
70 g brun farin
½ dl eddike

Fremgangsmåde:

- Skær tomater, æble, løg og hvidløg i grove stykker.

- Kog det sammen med eddike og krydderier, til æblerne er godt *møre*.

- Blend massen og smag den til med farin/eddike.

- Hvis den er for tynd, kan den jævnes med 1 tsk. *maizena* rørt ud i koldt vand. Jævningen hældes i den varme masse.

- Ketchuppen opbevares i *skoldede* glas på køl.

Burger

Med ketchup, syltede løg og ovnbagte kartofler

Ingredienser:

25 g gær

3 dl mælk

1 æg

100 g fuldkornsmel

Ca. 500 g hvedemel

800 g hakket oksekød

1-2 rødløg (eller almindelige løg)

800 g kartofler

Salatblade, agurkeskiver, tomatskiver, ost

Eddike, salt, sukker, krydderier

Foto: Stine

Fremgangsmåde:

- Kog 1 dl eddike, 1 dl sukker og ½ dl vand op sammen med peberkorn og evt. sennepskorn. Hæld den kogende væske i en skål sammen med løgringe. Stil dem på køl (de skal gerne stå et par timer og kan sagtens laves dagen før!).

- Lun mælken op (fingervarmt) og opløs gær i mælken. Tilsæt 1 tsk. salt og ½ tsk. sukker. Pisk ægget sammen og tilsæt halvdelen. Rør det grove mel i. Tilsæt hvedemel, indtil dejen kan æltes på bordet. Ælt dejen godt og lad den *hæve* i ca. ½ time.

- Rens/skræl kartofler og skær dem ud i både. Læg dem i en pose sammen med 2 spsk. olie, salt, lidt peber, paprika, oregano eller andre krydderier. Ryst posen godt.

- Rør oksekød sejt med 1 tsk. groft salt. Krydr farsen med lidt peber, sennep, paprika eller hvad I har lyst til. Stil farsen på køl.

- Form boller af dejen. De må gerne være lidt flade. Lad bollerne *hæve* 15 minutter.

- Ryst posen med kartofler og fordel dem på en bageplade med bagepapir. Bag dem i ovn ved ca. 200 grader, indtil de er sprøde og gyldne (30-45 minutter).

- Pensl bollerne med resten af ægget og drys evt. med sesam eller andet, hvis I har lyst. Bag bollerne ved ca. 200 grader i ca. 10-20 minutter, indtil de er gyldne og lyder hule, når man banker på dem.

- Form 8 flade bøffer af farsen og steg dem på en pande i lidt olie/smør. De skal stege 2-5 minutter på hver side – alt efter hvor tykke bøfferne er.

Foto: Mads

Chili con carne

Med grov foccasia

Ingredienser:

1 løg (hakket)

Ca. 400 g hakket oksekød

1 dåse kidneybønner (skylles)

1 dåse hvide bønner i tomat

100 g majs

1 rød peber i tern

1 dåse flåede tomater

1 frisk rød chili

12 g gær (¼ pakke)

100 g fuldkornsmel

200 g hvedemel

Evt. oliven eller soltørrede tomater

Evt. 1 avocado, 6 cherrytomater, frisk koriander

Evt. bacon

Bouillon, salt, peber, paprika, olie, rosmarin eller oregano

Foto: Stine

Fremgangsmåde:

* Gær røres ud i 3 dl lunken vand. Tilsæt 1 tsk. groft salt, 3 spsk. olivenolie, hakkede oliven/tomater samt groft mel og rør godt rundt.
Tilsæt hvedemel, til dejen kan æltes. Ælt dejen godt igennem og stil den til *hævning* ca. ½ time.

* Klargør alle grøntsager. Brug evt. handsker, når du ordner chilien. Hvis du fjerner stokken (det hvide inden i chilien) og kernerne, er den mindre stærk. Husk at vaske hænder bagefter!

* Bred dejen ud i en dyb form, smurt med olie. Den skal være 2-3 cm høj. Lad den efter*hæve* 15 minutter og pensl så med olie og drys med groft salt og evt. hakket rosmarin eller tørret oregano.

* Brødet bages i ovn ved ca. 200 grader, indtil det er gyldent.

* Løg *sauteres* i en dyb pande eller gryde i lidt olie. Tilsæt det hakkede oksekød og paprika.
Når kødet er stegt, tilsættes bønner, grøntsager og krydderier. Kog retten godt igennem.

* Kan evt. anrettes med lidt creme fraiche eller en lille avocadosalat med tomat, sprød bacon og frisk koriander.

Foto: Lars D

Fiskefilet

Med kartofler, grønne asparges og persillesovs

Ingredienser:

600 g små, nye kartofler (skrubbede)

500 g grønne asparges

4 rødspætter eller 10-12 fileter

2 æg

Rasp

½ liter mælk

Persille (skyllet og hakket)

Smør, mel, salt, peber, citron

Foto: Lars W

Fremgangsmåde:

- Kartofler koges i letsaltet vand.

- Fiskene fileteres (undersiderne – de hvide – kan evt. beholde skind på, men overfileterne skal flåes). Fileterne duppes tørre og vendes i mel, tilsat salt og peber. Vendes derefter i sammenpisket æg og til sidst i rasp.

- Smør smeltes på en pande. Fiskefileterne steges gyldne på begge sider. Alt efter hvor tykke de er, skal de have 2-5 minutter på hver side.

- Man kan også vælge at flå rødspætten og panere den og stege den hel – det kræver dog en stor pande.

- Smelt 1 spsk. smør i en gryde. Pisk 2 spsk. mel i. Tilsæt en lille smule af mælken og pisk jævn. Tilsæt gradvist mere mælk. Saucen kan evt. jævnes yderligere med en *maizenajævning.* Smag til med salt, peber, citronsaft og godt med persille. Man kan evt. opløse lidt bouillon i en smule kogende vand og tilsætte for ekstra smag.

- Knæk nederste del af aspargsene – de knækker af sig selv der, hvor det grove stykke slutter. Kog vand op og læg aspargsene i det kogende vand i ca. 1 minut. Hæld vandet fra og vend asparges i lidt smør og salt.

- Serveres med citron.

- Saucen kan evt. skiftes ud med en hollandaise. Den laves på samme måde som bearnaisen på side 7. Pisk æggeblomme med lidt hvidvinseddike og tilsæt *klaret* smør. Smag til med citron. Eller med remoulade. (Se side 16).

Remoulade

Ingredienser:

1 æggeblomme
1½ dl smagsneutral olie
Fyld efter eget valg: (hakkes)
- pickles
- kogte grøntsager (blomkål, gulerod)
- syltede agurker
- kapers
- persille, purløg, salt, peber, citron, karry

Fremgangsmåde:

- Æggeblommen piskes med 1 tsk. citron-saft og lidt salt.

- Olien piskes dråbevis i – efterhånden som mayonnaisen bliver tykkere, kan man tilføre større mængder ad gangen. Jo mere olie – jo tykkere mayonnaise.

- Mayonnaisen tilsættes pickles, krydder-urter med mere.

- Smag til med karry, salt, peber og ci-tron.

Foto: Lars D

Fiskefrikadeller

Med rugbrød, remoulade og agurkesalat

Ingredienser:

750 g fiskefars (hakket fisk fra forskellige fisk – ikke for meget laks)

1 stor kartoffel (skrællet og fintrevet)

1 stor gulerod (skrællet og fintrevet)

1 løg (pillet og fintrevet)

1 æg

3 spsk. rasp eller blendede havregryn

1 agurk (snittes på *mandolinjern*)

½ pakke gær

½ liter A38

350 g groft rugmel

250 g hvedemel

225 g skårne rugkerner

125 g solsikkekerner

Salt, peber, eddike, citron, evt. krydderurter, sukker, smør, mørk sirup

Fremgangsmåde:

- Kog 3 dl vand sammen med rugkerner og solsikkekerner i ca. 5 min. Køl af og tilsæt A38. Når blandingen er håndvarm, røres gæren ud i massen. Resten tilsættes sammen med 2 tsk. salt og evt. 1 tsk. mørk sirup, og dejen æltes på maskine i 10 minutter. *Hæver* lunt i ca. 1 time.

- Agurkeskiver spredes ud på et fad og drysses med groft salt. Lad dem trække ½ time.

- Fiskefars røres sejt med 1 spsk. groft salt og røres herefter sammen med 1 tsk. peber, æg, rasp og grøntsager. Juster med mel eller væske (f.eks. mælk eller opløst bouillon). Sættes på køl.

- Fordel dejen i en smurt brødform (1 liter), glat den med en våd dejskraber og prik små huller i overfladen med en gaffel. Lad brødene efter*hæve* ca. 30 minutter (til dejen når kanten).

- Kog 1 dl eddike med 5 spsk. sukker og 20 peberkorn. Lad lagen køle af i 5-10 minutter. Skyl agurkeskiverne og lad dem dryppe af. Hæld lagen over agurkerne. Tilsæt evt. dild eller andre krydderier.

- Pensl brødet med smør og drys med solsikkekerner. Forvarm ovnen til 220 grader, sæt brødet ind på nederste rille og skru ned til 185 grader. Bages i 75 minutter. (*Kernetemperatur* på 97 grader).

- Til sidst formes frikadeller af farsen. Steg dem i smør/olie til de er gyldne.
  Serveres med friskbagt brød, remoulade og agurkesalat.

Foto: Mads

Rødkålssalat

Ingredienser:

250 g rødkål (fintsnittet)

2 appelsiner

1 stort æble

Persille (hakket)

Saltede mandler (se side 28)

2 spsk. balsamico

2 spsk. olivenolie

Honning

Salt og peber

Fremgangsmåde:

- *Fileter* appelsinerne og skær æbler ud i både.

- Ryst eller pisk dressing sammen af balsamico, olie, honning, salt og peber. Smag til. Du kan evt. tilføre citronsaft eller krydderier efter smag.

- Vend rødkål, persille og frugt sammen med dressingen.

- Top med saltede mandler eller ristede nødder.

Frikadeller

Med rødkålssalat, brasede kartofler, ærter og smørsauce

Ingredienser:

750 g hakket kalv/flæsk

2 æg

2 spsk. mel/rasp/blendede havregryn

1 dl mælk/danskvand

1 bouillonterning

1 finthakket løg

400 g ærter (fine, bælgede. Evt. fra frost)

175 g smør (saltet)

600 g kogte kartofler i skiver

Salt, peber, soyasauce, fiskesauce, persille, olie

Foto: Stine

Fremgangsmåde:

- Rør kødet sejt med 1 spsk. groft salt. Varm mælken op og opløs bouillonterningen heri. Tilsæt mælk, æg, rasp, løg og evt. lidt soya eller andre smagsgivere. Du kan også sagtens tilsætte finthakkede grøntsager, kål eller svampe, hvis du vil have en sundere udgave. Prøv at eksperimentere med revet squash, rosmarin og hvidløg. Sæt farsen på køl.

- Hvis du ikke har kartofler fra dagen før, kan du nøjes med at koge dem *halvmøre.*

- Smelt 175 g smør i en lille gryde. Det må ikke boble, men skal smelte ved svag temperatur. Rør ikke rundt, men lad stille og roligt smørret skille. Hold det på varmen, indtil vallen i bunden begynder at blive brun. Det giver en lidt nøddeagtig smag til din sauce. Hold godt øje med saucen – pludselig går det hurtigt, og hvis den brænder på, smager den bitter. Du kan nu forsigtigt hælde det *klarede* smør over i en sovsekande eller lignende. Serveres varm.

- Form frikadeller af farsen. Små flade frikadeller giver kortere tilberedningstid.

- Steg frikadellerne gyldne i fedtstof på en pande. Frikadellerne kan enten steges færdige på panden eller lægges i et ildfast fad i ovnen (varmluft 180 grader) i et par minutter. De må ikke være rå i midten.

- Steg kartoffelskiverne gyldne på en pande med smør/olie.

- Kog en gryde vand op. *Pocher* ærterne kort i det kogende vand. Drys med salt.

- Serveres med rødkålssalat.

Foto: Stine

Barbecue marinade

Ingredienser:

1 dl olie (oliven eller lignende)
½ dl ketchup
1 spsk. soya
1 spsk. eddike (f.eks. æblecidereddike)
2 spsk. brun farin (eller honning)
Hvidløg, chili, salt, peber

Fremgangsmåde:

- Rør det hele sammen og smag til.

BBQ marineret kotelet på grill

Med bagte kartofler, kryddersmør og spidskålssalat

Ingredienser:

Foto: Stine

6-8 koteletter (med eller uden ben)
4-6 store bagekartofler
½ spidskål
½ fennikel
1 æble
1 dl græskarkerner
100 g smør (stuetemperatur)
Krydderurter (persille, purløg, ramsløg, basilikum, hvidløg, mynte eller andet)
Salt, peber, citron, olie, eddike

Fremgangsmåde:

- Mariner koteletterne i BBQ marinade eller evt. bare i olie, tilsat salt og peber. De må gerne ligge hele dagen på køl i marinaden.

- Pak bagekartoflerne ind i sølvpapir (eller saltdej – det er mere miljøvenligt).

- Snit spidskål og fennikel i meget tynde strimler – evt. på et *mandolinjern*.
  Fjern kærnehuset og skær æblet i små tern. Lav en dressing af 1 spsk. honning, 3 spsk. æblecidereddike, salt og peber. Vend dressingen i salaten. Vend evt. en håndfuld friske mynteblade i.

- Rist græskarkernerne med 1 tsk. fint salt på en tør pande. Pas på – de hopper og springer. De må ikke brænde på, men skal bare lige varmes op. Lad dem køle af og drys dem over salaten kort før servering.

- Rør smør med presset hvidløg, hakkede friske krydderurter efter eget valg samt salt og peber. Du kan også bruge tørrede krydderurter eller krydderier. Sæt smørret på køl. Du kan evt. rulle det i husholdningsfilm, så du får en tynd pølse. Når det er kølet af, kan man skære skiver af det.

- Nu er der blot tilbage at tænde grillen eller bålet, lægge bagekartoflerne i gløderne og vente – alt efter størrelsen skal kartoflerne have mellem ½ og 1½ time. 10 minutter før spisetid grilles koteletterne et par minutter på hver side.

- Og ifølge Noah og Lara er ristede skumfiduser en ganske passende dessert. (Se side 37).

Foto: Mads

Rød dip

Ingredienser:

2 dl yoghurt/ymer eller creme fraiche
2 spsk. mayonnaise
3 spsk. ketchup
Paprika, chilipulver, salt, peber

Evt:

Worcestershire Sauce, soya, honning, balsamico

Grøn dip

Ingredienser:

2 dl yoghurt/ymer eller creme fraiche
2 spsk. mayonnaise

Diverse krydderurter:

Dild, purløg, ramsløg, basilikum, ananassalvie m.m.
Salt, peber, citron, honning

Ovnbagte kyllingelår

Med kartoffelmos, bagte tomater og gnavegrønt

Ingredienser:

6 hele kyllingelår
Evt. 1 løg
800 g kartofler
50 g smør
1 dl mælk
10-12 små tomater
Evt. lidt hakket persille og hvidløg
Evt. muskat og løvstikke
Olie, salt, peber, paprika, eddike, sukker

Foto: Mads

Gnavegrønt:
Gulerødder, blomkål, agurk, peberfrugt, grønne asparges, *mange-tout* ærter, bladselleri, radiser, cherrytomater, julesalat, glaskål, kinaradise m.m.

Fremgangsmåde:

- Kyllingelårene klargøres. Du kan enten bruge hele låret (både overlår og underlår) eller nøjes med underlår – det er også dem, man kalder "drumsticks". Bruger du kun underlår, skal du dog have dobbelt så mange. Lad skindet blive på – det holder på saften. Kyllingekød på ben skal have forholdsvis lang tilberedningstid (brystkødet er hurtigere færdigt).

- Lav en marinade til kyllingelårene af olie, paprika, salt og peber. (Du kan naturligvis krydre med lige netop de krydderrier, I holder af).
  Læg lårene i et ildfast fad evt. på en bund af løgringe. Sæt dem i ovnen ved ca. 200 grader i ca. 45 minutter, indtil de er 75 grader tæt ved benet. (Frosne lår skal have lidt længere).

- Halver tomaterne og læg dem tæt i et ildfast fad. Bland 3 spsk. olivenolie med 1 tsk. eddike, 1 tsk. sukker, 1 tsk. groft salt, 1 fed knust hvidløg, lidt peber og hakket persille. Hæld dressingen ud over de halverede tomater. Bag dem i ovn ved 180 grader i ca. 30 minutter. Slut evt. af med 2 minutter ved 225 grader for at få sprødt skind. Paprika og ketchup bliver desværre hurtigt brændt.

- Skræl og kog kartoflerne, til de er *møre*. Tilsæt evt. lidt løvstikke til kogevandet.
  Mos dem forsigtigt med en gaffel eller et purejern. Du må IKKE piske i dem, så bliver din kartoffelmos sej og klistret. Tilsæt smør og mælk, til du har den ønskede konsistens og smag til med salt og peber samt evt. lidt revet muskatnød.

- Skyl eller skræl de forskellige grøntsager og skær ud i lange stænger. Serveres med dip.

Foto: Lars D

Laksetærter

Med spinat

Ingredienser:

100 g fuldkornshvede

100 g spelt

100 g blendede havregryn

7 æg

600 g laks (skåret ud i mundrette stykker)

500 g spinat

1 løg (skrællet og hakket)

½ dl mælk

3 dl hytteost

Purløg

Salt, peber, smør, olie, citron

Fremgangsmåde:

- Bland mel med 1 tsk. salt, 1 sammenpisket æg, 4 spsk. olie og saml dejen med ca. ½ dl vand – eller til du kan ælte dejen. (Der er til ca. 2 tærter).

- Smør tærteformene med lidt smør, rul dejen ud og placer dem i tærteformene. De må ikke være alt for tykke, så bliver de ikke gennembagt.

- Pisk 6 æg sammen med mælk og hytteost. Tilsæt salt, peber, purløg eller andre krydderier efter smag.

- *Sauter* løgene i lidt olie i en pande. Tilsæt spinat og rør rundt, til det værste vand er fordampet fra spinaten. Smag til med salt og peber + evt. lidt citronsaft.

- Fordel spinat og laks i tærtebundene. Hæld æggemassen hen over fyldet og bag tærten i ovn ved 200 grader i 20-25 minutter.

- Man kan undlade hytteosten og i stedet bruge lidt ekstra mælk. Så er det en god idé at drysse lidt revet mozzarella over, lige inden den sættes i ovnen.

- Du kan variere dit fyld: Prøv f.eks. med porre eller peberfrugt, eller skift laksen ud med kylling.

- En lidt luftigere udgave (og en del usundere) får man, hvis man erstatter den grove tærtebund med butterdej.

Tzaziki

Ingredienser:

2 agurker (skyllede)
1 dl græsk yoghurt
2 fed hvidløg (presset eller finthakket)
Salt og hvid peber

Agurk kan evt. udskiftes med courgetter.
Græsk yoghurt kan udskiftes med
yoghurt naturel.

Fremgangsmåde:

- Riv agurkerne groft på rivejern eller rillet
  mandolinjern.

- Lad dem dryppe af i en sigte – tryk evt. væ-
  den ud.

- Vend agurkerne i yoghurten og tilsæt hvid-
  løg, salt og peber efter smag.

- Obs: Bruges courgetter, skal de *udvandes.*
  Yoghurt naturel er tyndere, men kan evt.
  stilles til afdrypning 1 times tid på køl i en si
  belagt med et rent viskestykke.

Foto: Lars D

Braiseret lammeskank

Med hasselback kartofler, bagte rodfrugter og sauce

Ingredienser:

4 stk. lammeskank (benet renses for sener)
8-12 kartofler (skrællede eller skrubbede)
1 kg blandede rodfrugter (gulerod, persillerod,
pastinak, rødbede, knoldselleri)
1 løg (skrællet og skåret i både)
1 fed hvidløg
1 kvist rosmarin (eller 1 tsk. tørret)
1 liter bouillon
1 tsk. tomatpuré
Salt, peber, timian, paprika, rødvin, smør, fløde,
maizena, citron, olie

Foto: Lars W

Fremgangsmåde:

- Skær alle rodfrugter ud i ensartede størrelser. Gem resterne og evt. skrællerne, hvis de er uden sand. (Dog ikke fra rødbeden!). Læg rodfrugterne i en plastikpose, hæld lidt olivenolie, salt og evt. krydderier i posen og lad dem marinere.

- Brun lammeskankene af i smør eller olie i en stor gryde. (Kan også gøres på en pande og derefter tilberedes i ovn i et ildfast fad!). Tilsæt løg og brun af. Hæld ca. 1 dl rødvin over og kog op. Tilsæt skrællerne fra rodfrugterne (ikke rødbede) sammen med bouillon, hvidløg , tomatpuré og rosmarin. Læg låg på og lad det hele simre i 2 timer. Hold øje med retten – tilfør evt. lidt vand, hvis der fordamper meget væske.

- Læg kartoflerne mellem 2 grydeskafter (eller skærebrætter) og skær riller ned i dem. Læg dem i et ildfast fad med en klat smør og krydderier ovenpå. F.eks. salt, paprika og timian. Bages i ovn ved 200 grader til de er *møre*. Alt efter størrelse tager det 45 minutter til 1 time.

- Rodfrugterne hældes ud på en bageplade med bagepapir og bages i ovn i 30-45 minutter alt efter hvor små de er.

- Sigt væsken fra kødet og jævn det med 2 spsk. *maizena*, rørt ud i lidt koldt vand. Tilsættes under omrøring, mens saucen koger. Smag saucen til med salt, peber og citron. Evt. lidt ekstra bouillon. *Monter* evt. med en smule fløde.

- Serveres sammen med tzaziki eller evt. en frisk grøn salat.

Saltede mandler

Ingredienser:

2 dl vand
2 spsk. groft salt
200 g mandler (med skal)

Fremgangsmåde:

- Kog vandet op med salt. Sluk for pladen og hæld mandlerne i. Lad dem trække i ca. 7 minutter.

- Hæld vandet fra og bred mandlerne ud på en plade med bagepapir.

- Bag dem i ca. 12 minutter ved 200 grader. Får de for kort tid, bliver de bløde. Får de for længe, smager de brændt.

Foto: Didde

28

Lasagne

Med bechamelsauce, kødsauce og blandet salat

Ingredienser:

1 portion pastaplader (se evt. side 30)

1 liter mælk

750 g hakket oksekød

1 revet gulerod

1 løg (skrællet og hakket)

1 rød peber i tern

2 dåser flåede tomater + 1 spsk. tomatpuré

200 g revet ost

Salatblade, tomat, agurk eller lignende

1 dl creme fraiche

Friske krydderurter (purløg, persille eller lignende)

Smør, salt, peber, muskat, bouillon, citron, honning, krydderier, citron

Foto: Mads

Fremgangsmåde:

- Smelt 2 spsk. smør i en gryde. Tilsæt 4 spsk. mel og pisk melbollen. Tilsæt mælk en lille smule ad gangen, mens du hele tiden pisker. Hvis bechamelsaucen er for tynd, kan den jævnes med mel, rørt ud i lidt koldt vand. Smag til med muskat, salt og hvid peber. Tilsæt en håndfuld revet ost.

- *Sauter* løg i lidt olie. Tilsæt det hakkede oksekød og steg det godt igennem. Tilsæt evt. lidt paprika og karry. Hæld de flåede tomater ud over. Opløs 1 bouillonterning i lidt kogende vand og hæld det ved. (Kan også opløses direkte i tomatsaucen, men vær opmærksom på, at du får den helt opløst). Tilsæt tomatpuré, gulerødder og peberfrugt og smag til med salt, peber, basilikum og oregano.

- Smør et ildfast fad med lidt fedtstof – husk kanterne! Hæld lidt tomatsauce i bunden. Dæk med pastaplader og hæld et tyndt lag bechamelsauce ud over. Gentag de 3 lag, indtil fadet er fyldt næsten op. Slut af med bechamelsauce og top med revet ost.

- Lasagnen skal gratinere i ovnen ved 200 grader i ½-1 time. (Bruger du friske pastaplader, skal de have kortere tid end tørret pasta). Hvis osten bliver for mørk, lægger du et stykke sølvpapir over fadet og skruer ned til 175 grader. Så kan lasagnepladerne nå at blive *møre*.

- Lav en blandet salat af jeres foretrukne salatgrøntsager, skåret ud i små stykker. Vend den med en dressing lavet af creme fraiche, rørt med friske krydderurter, salt, peber, citron og evt. en smule honning. Obs – creme fraiche bliver tyndere, når man rører i den. Toppes med saltede mandler.

- Serveres med foccaciabrød eller flute (se evt. side 13 eller 40).

Foto: Lars D

Pasta

Ingredienser:

3 æg
200 g durumhvedemel
100 g hvedemel
2 spsk. olie
1 tsk. salt

Fremgangsmåde:

- Hæld melet i en stor skål eller ud på bordet. Lav en fordybning i melet og slå æggene ud heri og tilsæt olie og salt. Pisk med en gaffel i æggene, så melet langsomt bliver blandet ind i massen.
  Ælt dejen forsigtigt sammen, til den er jævn ved at presse den flad mod bordet og folde den på midten. Juster konsistensen med vand/mel.
  Pak dejen ind i film og læg den på køl ca. ½ time.

- Drys dejen med mel og rul den tyndt ud på en pastamaskine eller med en kagerulle. Skær lasagneplader eller båndpasta.

- Pastaen drysses igen med mel og lægges i små bunker eller hænges til tørre. Båndpasta koges i 2-3 minutter i rigeligt vand tilsat lidt salt.

Pasta med kødsauce

Med hjemmelavet pasta og dampede grøntsager

Ingredienser:

1 portion pasta (se side 30)
600 g hakket oksekød
1 stort løg (skrællet og hakket)
1 fed hvidløg (presset eller hakket)
1 dåse flåede tomater
2 spsk. tomatpuré
2 gulerødder (skrubbede eller skrællede)
1 broccoli (skyllet)
Salt, peber, sukker, oregano, basilikum,
paprika, olie, bouillon, maizenamel

Foto: Stine

Fremgangsmåde:

- *Sauter* løg og hvidløg i lidt olie i en dyb pande.
  Tilsæt kødet sammen med 1 tsk. paprika og steg det godt.
  Hæld en dåse flåede tomater hen over. (Hæld ½ dl vand i dåsen, slyng det rundt og tilsæt det til retten).
  Opløs bouillonterningen i ½ dl kogende vand og tilsæt det til retten. Tilsæt tomatpuré samt gulerødder, skåret i små tern og smag til med salt, peber, evt. lidt sukker, oregano og basilikum.
  Lad retten stå og simre.

- Du kan evt. jævne kødsaucen med 1 spsk. *maizena*, rørt ud i en smule koldt vand.
  Husk at koge retten godt igennem, efter du har jævnet.

- Knæk små buketter af broccolien. Skræl stænglen og skær den ud i skiver. Læg broccolien i et dørslag eller en si og læg låg på. Du kan nu dampe broccolien over kogende vand.
  Du kan også vælge at lægge broccolistykkerne i vandet sammen med pastaen.
  Alt efter størrelsen på dine stykker, og hvor meget *bid* du ønsker i dine grøntsager, varieres tilberedningstiden.

- Bring en stor gryde vand i kog og tilsæt lidt salt.

- Kog pastaen *mør* i vandet. Frisk pasta skal kun koge i 2-3 minutter. (Alt efter hvor tyk den er).
  Tørret pasta skal koge ca. 10 minutter.

- Du kan variere de dampede grøntsager efter lyst, eller du kan lave en lækker salat i stedet.
  Grøntsager kan naturligvis også tilsættes pastasaucen.

Forslag til toppings:

- Små italienske oksekødboller, chorizo, skinke, kylling, bacon, pølser (forskellige slags), hakket kød (stegt), laks, parmaskinke m.m.

- Peberfrugt, majs, broccoli, løg, stegte svampe, spinat, forårsløg, kartofler, oliven, ananas, rucola, tomat m.m.

Foto: Mads

Pizza

Med tomatsauce, peperoni og peberfrugt

Ingredienser:

½ dåse flåede tomater eller 8 store tomater
(kan evt. flås – se side 41)

1 håndfuld frisk basilikum

1 håndfuld frisk oregano

1 fed hvidløg

1 løg (hakket fint)

25 g gær

150 g durumhvedemel

400-500 g hvedemel

200 g peperoni

200 g svampe (champignon)

1 rød peberfrugt skåret i tern

1 dl majs

2 friske mozzarellaoste (eller 150 g revet ost)

Olie, salt, peber

Foto: Lars W

Fremgangsmåde:

- Opløs gæren i 2½ dl lunt vand. Tilsæt 3 spsk. god olivenolie, 1 tsk. salt og durumhvedemel og rør godt sammen. Ælt roligt hvedemel i til dejen er smidig og kan rulles ud.
  Stil dejen til at *hæve* et lunt sted i ca. ½ time.

- *Sauter* løg og hvidløg i lidt olie i en gryde. Skær tomaterne i små tern og tilsæt dem til løgene sammen med frisk oregano og basilikum. Smag saucen til med salt og peber.

- Rens svampene med en hård børste, skær dem i skiver og steg dem i lidt smør/olie på en varm pande, indtil vandet er fordampet. Drys lidt salt ved.

- Rul pizzabunden ud. Vi kan godt lide en tyk bund, men hvis den skal være sprød, skal den ikke være tykkere end en halv centimeter.
  Fordel tomatsauce over hele bunden og fordel kød og grøntsager jævnt ud over pizzaen – husk at komme helt ud til kanterne.

- Skær osten i tynde skiver og fordel dem ud over hele pizzaen.

- Forvarm ovnen til 220 grader og bag pizzaen til dejen er gyldenbrun i kanten, og osten er smeltet og let gratineret.

Foto: Mads

Ratatouille

Med bulgur

Ingredienser:

1 stort eller 2 små rødløg

3 fed hvidløg

1 aubergine

2 courgetter

2 peberfrugter (rød eller gul)

5 tomater

1 bundt frisk basilikum

4 dl skyllet, grov bulgur (ca. 325 g)

8 dl bouillon

Olivenolie, timian, balsamico, citron

Foto: Lars W

Fremgangsmåde:

- Skræl og skær løg i både.
  Skær courgetter og aubergine i tern, bred dem ud på et fad og drys dem med groft salt. Lad dem *udvande* et kvarters tid.
  Fri peberfrugterne for stok og kerner og skær dem i tern.
  Skær tomaterne i grove tern.

- Skyl saltet af courgetter og aubergine og lad dem dryppe af i en sigte.

- Varm lidt olivenolie op i en dyb sauterpande. *Sauter* løg og hvidløg, til de er klare. Sæt dem til side. *Sauter* aubergine og courgette, til de er gyldne. Tilsæt løg og peberfrugt sammen med tomaterne og kog det hele godt igennem. Brug skeen til at mase tomaterne ud. Fjern evt. store stykker skind fra tomaterne.
  Tilsæt evt. en kvist timian og lad retten simre en halv times tid, så den jævner, og smagen intensive-res. Tilsæt en god håndfuld friske basilikumblade og smag til med salt og peber samt evt. balsami-co, citron, honning eller lignende.

- Hæld lidt olie i en gryde og svits bulguren heri i ca. 1 minut. Hæld bouillonen ved og kog op. Lad det simre i 3 minutter og sluk så for blusset. Lad bulguren trække 5-7 minutter under låg.

- Det her er en af de retter, der er bedre på dag 2. Den kan også sagtens serveres med kogte ris (se side 9) eller groft brød. (Se side 13 eller 40).

Foto: Lars D

Suppe på bål

Med snobrød

Ingredienser:

25 g gær

3 dl mælk

100 g groft mel

300 g hvedemel

200 g bacon i tern

1 stort løg (skrællet og hakket)

400 g grøntsager i tern (selleri, gulerod, persillerod, porre, blomkål)

Urter (løvstikke, timian, oregano, persille)

Olie, salt, peber, bouillonterning

Skumfiduser

Foto: Stine

Fremgangsmåde:

- Opløs gær i mælken. (Du kan også bruge vand eller blande yoghurt i).

- Vi tilsætter ofte lidt revet gulerod, lidt kartoffelmos, eller hvad vi nu har.

- Tilsæt 1 tsk. salt, 1 spsk. olie og groft mel og rør godt rundt. Tilsæt hvedemel, til dejen er fast og kan æltes.

- Ælt dejen godt igennem og lad den *hæve* i ca. ½ time. (Dejen kan også *hæve* i op til 24 timer i køleskab).

- Forbered alle suppegrøntsagerne. Og lav en bakke med de ingredienser, du skal bruge til suppen.

- Sæt en stor gryde over bålet.
Start med at riste bacontern i bunden af gryden. Tilsæt løg og *sauter* dem med. Tilsæt grøntsagerne, vend det hele sammen og hæld 1 liter vand på.
Tilsæt 2 bouillonterninger og evt. lidt krydderurter. Kog suppen op og smag til med salt og peber.

- Sno dejen rundt om spidsen af en lang pind og bag brødet over bålets gløder. Husk at vende brødet.

- Ristede skumfiduser: Placer en skumfidus på enden af en tilspidset pind. Varm den over gløderne. Pas på de ikke bliver mørke for hurtigt – så er de "rå" indeni. Start med at lune dem, og rist dem så til sidst tæt på gløderne, så skallen karamelliserer. Køles af inden de spises.

Foto: Mads

Svinemørbrad i flødeskum

Med krydrede kartofler og stegte svampe

Ingredienser:

1-2 svinemørbrad
2 pakker bacon i skiver
½ liter fløde (pisket til skum)
1 bundt purløg
1 bundt persille
½ dl whisky
200 g revet ost
800 g kartofler (små, fine med skræl)
500 g svampe
Smør, salt, peber, bouillon, honning,
balsamico, paprika, oregano

Foto: Lars W

Fremgangsmåde:

- Mørbraden *pudses af* for sener og deles i ca. 8 medaljoner af 3 cm tykkelse.
  Medaljonerne lægges i en marinade af olie, balsamico, honning, salt og peber i god tid, før de skal tilberedes. (Kan også "bare" drysses med lidt groft salt). Vikl et stykke bacon om hver medaljon – lukkes med en kødnål, tandstikker eller en rosmarinkvist og placeres i et ildfast fad.

- Fløden piskes til skum og tilsættes hakkede krydderurter, ost, whisky, salt og peber.

- Kartoflerne skæres i halve (eller både), vendes i olie og krydres med salt, peber, paprika og oregano.
  Bredes ud på en bradepande og bages i ovn ved 200 grader i ca. 45 minutter (til de er *møre* og gyldne).

- Medaljonerne sættes ind i ovnen og brunes i ca. 10 minutter ved 200 grader.
  Herefter hældes flødeskummet hen over dem, og de bages færdig i ca. 15 minutter.

- Svampene renses fri for jord (brug en hård pensel), skæres i skiver og steges gyldne i lidt smør på en pande. Smages til med salt og peber.

- Før servering kan flødesaucen evt. sigtes, koges op med en tern bouillon og jævnes med en smule *maizena* eller mel, rørt ud i koldt vand. Smages til med salt og peber.

- Retten passer også fint sammen med dampede bønner, broccolisalat (se side 9) eller hasselback kartofler (se side 27).

Foto: Mads

Grønt brød

Ingredienser:

150 g grøn puré (ærter, persille, grønkål, oregano, ramsløg, bønner, broccoli)

25 g gær (½ pakke)

2 dl kærnemælk (eller alm. mælk)

2 dl vand

300 g fuldkornsmel (rug, spelt, hvede)

350 g hvedemel

Evt. solsikkekerner eller andre kerner

Æg, salt, krydderier

Fremgangsmåde:

- Lun kærnemælk. Bland kærnemælk med vand. Rør gær ud i kærnemælken og tilsæt 1 tsk. salt og pureen.

- Tilsæt det grove mel først og derefter hvedemel, indtil dejen kan æltes godt. Lad dejen *hæve* ca. ½ time.

- Slå brødene op (boller, flutes, fletbrød) og lad dem efter-*hæve* ca. 15 minutter. Pensl med æg og drys med lidt fla-gesalt og evt. tørrede krydderurter.

- Bages til de er gyldne ved 200 grader i 10-15 minutter.

Tomatsuppe

Med kødboller og grønt brød

Ingredienser:

2 dåser flåede tomater (blendede)

4 friske tomater til concassé (kan undlades)

1½ løg (skåret i små tern)

2 fed hvidløg

1 bundt basilikum

200 g grøntsagstern (gulerod, selleri, courgette, porre, persillerod eller lignende)

500 g hakket kalv/svin

½ løg (revet)

1 æg

2 spsk. mel

Salt, peber, bouillon, div. krydderier og urter, creme fraiche, olie, sukker, persille m.m.

Foto: Stine

Fremgangsmåde:

- Farsen røres sej med 1 spsk. salt. Tilsæt æg, revet løg, mel, salt, peber og evt. krydderier. Stil farsen på køl ½ times tid. Form små kødboller og kog dem ca. 7 minutter i letsaltet vand. Gem vandet!

- Løgtern og hvidløg *sauteres* i lidt olie. Grøntsagerne *sauteres* med og dåsetomaterne hældes hen over. Tilsæt 2 bouillonterninger og spæd op med kogevand fra kødbollerne, til du har den mængde suppe, du ønsker. Smag suppen til med salt, peber, evt. lidt sukker og evt. lidt citron.

- Tilsæt kødbollerne og varm suppen godt igennem.

- Kog en gryde vand op. Snit et lille kryds i skindet på de friske tomater. Læg dem i det kogende vand i ca. 1 minut, og læg dem straks derefter i koldt vand. Nu kan du fjerne skindet fra tomaterne. Skær dem ud i kvarte og fjern kernerne og det bløde i midten (put det evt. i suppen). Skær derefter tomatkødet i små tern. Denne ret kaldes concassé og er perfekt som en lille forret eller til tapas. Her serveres den ofte på et stykke ristet brød med olivenolie og salt.

- Vend tomatternene med lidt olivenolie, salt, peber og evt. lidt hakket persille.

- Server suppen i en dyb tallerken med en klat creme fraiche, tomatconcassé, friskhakket basilikum og brød til.

Foto: Mads

Guacamole

Ingredienser:

3 modne avocadoer
2 fed hvidløg
6-8 cherrytomater
Salt, hvid peber og citron

Fremgangsmåde:

- Skræl avocadoerne og fjern kernerne. Mos dem sammen med en gaffel. Smag til med salt peber og citron.

- Skær tomaterne i små tern og vend dem i guacamolen.

- Du kan evt. blande creme fraiche i – så bliver den mere flydende (og billigere!). Men vi kan bedst lide den uden.

Tortillas

Med kylling, sauteret hvidkål og guacamole

Ingredienser:

150 g majsmel + ca. 150 g hvedemel

3 dl mælk

1 dl hvidtøl

4 æg

1/4 hvidkål (eller ½ spidskål)

1 klump ingefær (skrællet og revet groft)

1 rød chili (uden stok og kerner)

500 g kylling eller kalkun (5-6 brystfileter)

½ løg (skrællet og i små tern)

Evt. ekstra fyld (peberfrugt, gulerod, courgette eller lignende)

Salt, peber, olie, smør, paprika, karry, tomatpuré,

maizena, evt. sweet chilisauce eller soya

Foto: Stine

Fremgangsmåde:

- Pisk æggene sammen med hvidtøl, 1 tsk. groft salt og majsmel til en jævn masse. Pisk hvedemel i lidt ad gangen. Spæd op med mælk, så du hele tiden kan piske, men dejen skal være meget tyk! På den måde undgår du klumper. Til sidst piskes resten af mælken i, og dejen stilles på køl.

- Snit kålen i tynde strimler. Skær chilien i mindre stykker.
Varm lidt olie op i en gryde eller en sauterpande (det må ikke ryge) og *sauter* ingefær heri. Tilsæt kål og chili, rør godt rundt og læg så låg på. Tilsæt evt. et par spiseskefulde vand, så det ikke brænder på. Lad kålen dampe *mør.* Den må gerne have lidt *bid*. Tag låget af og lad væsken fordampe.

- Skær kyllingekødet i mundrette strimler.
Varm olie på en pande. *Sauter* løgene i olien, skru ned og tilsæt 1 tsk. paprika og karry sammen med kyllingestrimlerne. Når de har fået en stegeskorpe, tilsættes 1 tsk. *maizena*, rørt ud i 1 dl koldt vand sammen med 1 tsk. tomatpuré. Kog op og smag til med salt og peber, chilisauce, soya, eller hvad I bedst kan lide.

- Skær små tern (1 x 1 x 1 cm) af koldt smør.
Varm en pande godt op. Smelt en klat smør på panden og lad det bruse af. Hæld 1 mål pandekagedej på ved pandens skaft, og drej panden rundt, så dejen fordeles i et tyndt lag. Steg pandekagen gylden, vend den og steg den færdig på den anden side. Tilsæt nyt smør for hver pandekage.

- Server pandekagerne med fyld af kål, kylling, grøntsager og guacamole eller dressing (se side 29).

Foto: Lars D.

Ørred på grill

Med kartoffelsalat og majskolber

Ingredienser:

2 hele ørreder – renset for indmad

1 løg skåret ud i både

1 citron

700 g kogte kartofler (faste og kolde)

3 spsk. mayonnaise (se evt. opskrift side 16)

1 dl creme fraiche

100 g syltede agurker i tern

½ skalotteløg

5 radiser i små tern

4 majskolber

Purløg, persille, dild, sennep, salt, peber, smør, honning, chili

Foto: Stine

Fremgangsmåde:

- Ørrederne skylles godt og duppes tørre. Fyld maverne med 1 spsk. smør, løgbåde, en god håndfuld stilke + evt. blade fra persille og dild samt et par skiver citron. Drys godt med salt og peber.
  Dryp lidt olie på skindet.
  Pak fiskene ind hver for sig i rigeligt stanniol. (Av ja – ikke godt for miljøet. Øv).

- Rør mayonnaisen med salt, peber, 1 tsk. sennep, ½ tsk. honning, purløg og andre krydderier efter smag.
  Bland det hele sammen med skalotteløg, syltede agurker og radiser. Vend creme fraichen i dressingen.
  Smag det hele til og vend så kartoffeltern i.

- Fjern "skægget" og de fleste af bladene fra majskolben.

- Tænd grillen – den skal være godt varm.
  Læg ørrederne og majskolberne på grillen. Husk at vende dem.
  Hvis grillen er godt varm, og fiskene ellers er pakket godt ind, skal de ikke have så længe; 10 minutter på hver side. Mærk efter om kødet falder fra benene – så er fisken nok.

- Når fisken er færdig, pakkes den ud af stanniolen. Pas på, der løber en del væde fra. Fiskekødet løftes forsigtigt fra benene. Serveres med majs og en klat smør, evt. rørt med lidt salt og chili.

Ordliste

Blanchere: Emnet lægges i kogende vand i ganske kort tid og flyttes derefter over i iskoldt vand.

Bid: En grøntsag, der er kogt næsten *mør*. Dvs. den er ikke helt blød, men stadig lidt sprød.

Filetere citrusfrugt: Skær top og bund af f.eks. appelsinen. Stil den på et skærebræt og skær forsigtigt siderne af – helt ind til kødet – også det hvide. Nu kan du med en skarp kniv skære appelsinbådene ud en efter en, så du ikke får det skind med, der holder dem adskilt.

Hævning: Gærdej bør altid forhæve mindst ½ time ved stuetemperatur. Kan også koldhæve over nat. Efter formning bør dejen efterhæve i mindst 15 minutter.

Kernetemperatur: Den temperatur, kødet har i midten af stykket.

Klare smør: At varme langsomt op så smørret deler sig i en hvid masse, der falder til bunds, og en ren, klar smør, der flyder ovenpå. Det klare smør kan nu forsigtigt hældes fra.

Maizenajævning: Opløs maizenamel i koldt vand. Det er vigtigt, at vandet er koldt – ellers klumper melet. Der skal ikke ret meget vand til.

Mandolinjern: Et redskab til at skære meget tynde skiver eller strimler på. Mange "rivejern" har også en side, der kan skære skiver.

Mange-tout: Fransk for "spis alt". Bruges eksempelvist om grønne ærter i bælg.

Montere: At runde en sauce af med en klat smør eller lidt fløde, lige inden den serveres. Herefter skal saucen ikke koge.

Mør: Når noget er mørt, er det veltilberedt. F.eks. er kartofler møre, når de har kogt tilpas længe til, at de er bløde nok til at spise.

Pochere: At koge i letkogende vand – ikke for længe.

Pudse af/afpudse: At fjerne sener, hinder og overskydende fedt fra et stykke kød.

Sautere: At opvarme grøntsager i lidt olie. De skal ikke tage farve, men blot lige varmes godt igennem.

Skolde: At hælde kogende vand over.

Tommelfingertesten: Saml afslappet tommel og pegefinger. Føl på den bløde pude ved tommelfinger-roden. Sådan føles en rød bøf. Ved langfinger/ringfinger er den medium, og ved lillefinger er den helt død (well done).

Udvande: Emnet saltes godt. Saltet trækker væske (og bitter smag) ud af emnet. Det må gerne ligge og trække en halv times tid. Herefter kan det skylles i koldt vand.

Vandbad: En skål placeres over en gryde med kogende vand. Vanddampene under skålen giver en skånsom opvarmning.

Tak

Tak til venner, kolleger, naboer og familie, der så velvilligt har læst, smagt, afprøvet og dokumenteret.
Tak til alle, der har fotograferet – ikke mindst Lars D og Mads, der har taget de fleste billeder til bogen, og til Jens Peder, der har hjulpet med det tekniske.
Tak til Brian, der tålmodigt har vasket op efter os, og også en stor tak til alle de herlige børn i vores omgangskreds, der har været modeller til bogens billedmateriale. I har været meget tålmodige.

Noah og Lara står på omslaget som medforfattere.
Selvom de ikke har skrevet et eneste ord i denne bog, er det alle deres livretter, vi i fællesskab har valgt ud og sammensat.
Tak fordi I er så fantastiske hver eneste dag! Tak for alle de gange, hvor I har lavet aftensmad, tømt opvaskemaskine eller bare spist med glubbende appetit – det gør det sjovt at lave mad.

Foto: Mads

Medvirkende

Opskrifter:
Stine Meyer

Fotografer:
Lars Dagnæs
Mads Kresten Andersen
Lars Wortmann
Ken Nørgaard Henriksen
Didde Gildhoff Clausen
Maj-Britt Ulrich
Stine Meyer

Teknisk support
Jens Peder Meyer

Korrektur
Eva Aggerholm

Layout
Stine Meyer

Foto: Lars D

Modeller

Lara Meyer (9 år)
Noah Meyer (11 år)
Anna Jørgensen (9 år)
Julie Andersen (10 år)
Bo Andersen (10 år)
Knud Andersen
Naja Gildhoff Petersen (6 år)
Tobias Bojsen (14 år)
Mikkeline Bojsen (10 år)
Heidi Bojsen
Steffen Callesen (9 år)
Naja Marie Callesen (11 år)

Alberte Fink (11 år)
Merit Meyer (14 år)
Jette Meyer (12 år)
Celina Freja Hansen (9 år)
Clara Nürnberg (14 år)
Valdemar Nürnberg (9 år)
Stine Nürnberg
Anders Perlewitz (10 år)
Jonas Bollmann (11 år)
Liva Mauter Andersen (10 år)
Espen Seifen (9 år)